L'ASSISTANCE PUBLIQUE

DANS LA VILLE DE VENDOME

AVANT 1789

Par M. Aug. DE TRÉMAULT

(Extrait du Bulletin de la Société Archéologique,
Scientifique & Littéraire du Vendômois.)

VENDOME

TYPOGRAPHIE LEMERCIER ET FILS

1882

L'ASSISTANCE PUBLIQUE

DANS LA VILLE DE VENDOME

AVANT 1789

Par M. Aug. DE TRÉMAULT

(Extrait du Bulletin de la Société Archéologique,
Scientifique & Littéraire du Vendômois.)

VENDOME

TYPOGRAPHIE LEMERCIER ET FILS

1882

I.

La charité, vertu éminemment chrétienne, dont l'action s'exerce également dans l'ordre des idées et dans celui des faits, a toujours eu pour principal but le soulagement des infirmes et des nécessiteux. Pendant tout le moyen âge et sous l'ancien régime, les secours qu'ils recevaient leur étaient distribués presque exclusivement par les soins du clergé, entre les mains duquel étaient concentrées toutes les ressources qui avaient reçu cette pieuse destination.

A diverses époques, cependant, l'élément laïque avait été admis à prendre part à la répartition des secours. Son droit, à cet égard, reposait sur des titres ayant la plus haute autorité, comme une bulle du pape Clément V, de l'année 1311 (1), et diverses ordonnances rendues, au XVIe siècle, par les rois François Ier, Henri II, Charles IX, Henri III, et en particulier sur l'ordonnance de Moulins (1576), qui, en imposant aux villes, bourgs et villages, l'obligation de nourrir et entretenir les pauvres nés sur leur territoire, afin de les empêcher d'aller à l'avenir vaguer et mendier, donnait aux

(1) Voir Dictionnaire administratif de Block, au mot Assistance publique.

maires et échevins le pouvoir de faire contribuer les habitants aux frais d'entretien, et d'en surveiller l'emploi.

Plusieurs fois, pendant le cours du XVIIe siècle, le gouvernement porta son attention sur les inconvénients et les dangers résultant du vagabondage et de la mendicité, et chercha à résoudre ce problème social, si complexe et si vivace, resté jusqu'ici sans solution, malgré les travaux et les études dont il a été l'objet de la part des législateurs et des économistes.

C'est dans les dernières années du XVIIIe siècle seulement, après que la nation, en s'emparant des biens du clergé, eut tari la source des aumônes les plus abondantes, que la puissance publique, pour combler cette lacune, a commencé à faire sentir son action d'une manière efficace, en chargeant l'administration de faire des distributions de secours. Elle créa ainsi un nouveau service public, dont elle dut assurer la marche par des lois et règlements. Ceux-ci, successivement modifiés et développés, ont formé la législation hospitalière, aujourd'hui la règle de l'importante branche de l'administration qui fonctionne sous la dénomination d'assistance publique et de bureaux de bienfaisance.

Nous allons essayer d'exposer les conditions et les formes dans lesquelles la charité a été publiquement pratiquée à Vendôme, sous l'ancien régime.

Là, comme partout ailleurs, en dehors des charités faites individuellement, la distribution des aumônes était concentrée entre les mains des établissements religieux, c'est-à-dire, pour Vendôme, entre la Maison-Dieu de Saint-Jacques et les couvents. Celui de la Trinité d'abord, puis ensuite celui des Cordeliers (1), ont été, pendant des siècles, les principaux centres d'assis-

---

(1) Les aumônes provenant de fondations particulières étaient distribuées, une fois par an, aux Cordeliers et au grand cimetière.

tance pour les pauvres de la ville et de ses environs. Dès les premiers temps de sa fondation, le monastère de la Trinité pratiqua largement l'assistance des indigents. Mais une de ces famines, qui, au moyen âge, éprouvaient si fréquemment les populations, survenue en l'année 1162, fut pour l'abbé une occasion d'accroître encore les distributions de secours et de les instituer d'une manière régulière.

La chronique de Vendôme (1) nous en a transmis le souvenir, en enregistrant les dispositions qu'il prit à ce sujet. Elle rapporte que le fléau fut annoncé par une éclipse totale de lune qui se produisit le dimanche de la Septuagésime (1162), et qu'il sévit si cruellement, que les mères, se voyant dans l'impossibilité de nourrir leurs enfants, venaient les déposer devant les portes du couvent. L'abbé Girard décida alors que, chaque jour, depuis le commencement du carême jusqu'à la fête de saint Jean, il serait donné aux pauvres trois septiers de mouture sans préjudice des distributions accoutumées, et que du pain et du fromage ou des légumes seraient portés aux malheureux gisant dans les rues ou sur les places, jusqu'à la même fête (2).

Que l'influence pernicieuse de la lune ait amené la famine, nous voulons bien le croire, mais qu'il soit aussi permis d'en voir une autre cause plus positive dans la guerre que se faisaient alors les comtes de Blois et de Vendôme. Notre chronique constate, en effet, que c'est en cette même année 1162 que le comte de Blois vint,

---

(1) Une copie manuscrite se trouve dans le t. XLVI, p. 16, des Mélanges de Colbert. — Bib. Nat., départ. des Ms.

(2) M. de Martonne, dans sa Notice historique sur l'église de Saint-Martin (Paris, Dumoulin, 1860), dit en note, p. 51, qu'à partir de l'année 1313, l'abbaye de la Trinité employait tous les ans 72 septiers de blé en distributions qu'elle faisait aux pauvres de la ville et des environs, le lundi de chaque semaine, depuis le 1er janvier jusqu'à Pâques, et que cette distribution dura jusqu'à la Révolution.

mais inutilement, mettre le siège devant le château de Vendôme.

Si, comme on l'a dit, les deux couvents nommés plus haut furent pendant longtemps les principaux distributeurs de secours aux indigents, ils ne furent cependant pas toujours les seuls ; car, à une époque fort ancienne et qu'il n'est pas possible de déterminer, les habitants de la ville, sentant s'éveiller en eux l'esprit de charité, à la vue des œuvres de bienfaisance qui s'accomplissaient sous leurs yeux, voulurent apporter leur concours au soulagement des malheureux. A cet effet, ils formèrent entre eux une association dont le but était de venir en aide aux indigents par des secours, qui, dans l'origine, consistèrent en distributions de blé. De là est venu le nom de *charité de la Blée*, ou tout simplement de *la Blée*, sous lequel l'association fut connue, et qu'elle conserva même après que les distributions de blé eurent été converties en distributions de pain (1).

Les renseignements sur la Blée sont malheureusement peu nombreux. Ils ne font connaître ni son origine ni son organisation. Les principaux se trouvent dans les registres de l'ancienne paroisse de Saint-Martin (2), et nous sont connus par la notice historique que M. de Martonne a publiée sur cette église (3).

Les membres de l'association étaient des laïcs. A l'époque reculée où elle avait pris naissance, la société civile n'existait, pour ainsi dire, pas encore, et les éléments qui devaient servir à la constituer plus tard étaient épars, isolés, sans force, et incapables de fournir

(1) En 1517, les distributions se faisaient en pain.— Renseignement extrait du registre de Saint-Martin, dû à l'obligeance de M. Bouchet.

(2) Ces registres sont déposés aux Archives départementales de Loir-et-Cher, qui ont été pendant quelque temps confiées à M. de Martonne, en qualité d'archiviste du département.

(3) P. 51. passim.

à la jeune association l'appui dont elle avait besoin. Elle dut le chercher du côté de la société religieuse, qui puisait dans sa hiérarchie, si anciennement et si fortement organisée, une puissance aussi prépondérante qu'étendue, avec une autorité indiscutée sur le peuple.

Elle le trouva auprès des églises paroissiales de la ville, auxquelles on la voit affiliée, ainsi qu'il ressort de diverses mentions, entre lesquelles on peut citer celles qui se trouvent dans les registres de Saint-Martin, et particulièrement celle d'un legs remontant au commencement du XV° siècle (1413), fait à *la Blée établie à Vendôme et fondée en l'église Saint-Martin* (1), ainsi qu'une sentence (2) prononcée à son profit, vers la moitié du même siècle (1444), par le châtelain de Vendôme, où elle est qualifiée de *charité de la Blée fondée et maintenue dans la ville et trois paroisses de Vendôme* (3).

(1) M. de Martonne, p. 53.

(2) Cette sentence, prononcée le 4 août 1444 par Michel Perot, bailli de Mondoubleau, châtelain et lieutenant-général du bailli de Vendôme, est intéressante à plus d'un titre. Elle réglait une contestation au sujet d'une rente assise sur la maison du Chapeau-Rouge (sise en face de la chapelle N.-D.-de-Pitié), réclamée par les procureur et gouverneur de la Blée aux maître et frères de l'Hôtel-Dieu. Les premiers se nommaient Jehan Pintreau, Jehan Gaudineau, Jehan Mingre et Marquet Cogniet. Les seconds étaient représentés par messire Jehan Lefevre, maître, et messire Guillaume Le Bastonnier, frère de l'Hôtel-Dieu. Le châtelain semble avoir été assisté, en cette cause, d'une sorte de jury; car il rendit son jugement de *l'avis, conseil et assentiment* de 14 ou 15 notables, en tête desquels figure le procureur général du comté, suivi de magistrats, et *autres plusieurs bourgeois et habitants de ladite ville et trois paroisses de Vendôme*. On trouve son sceau reproduit au bas de l'extrait d'une charte de 1442, relative à l'abbaye de l'Épau. Il est rond, et porte inscrit dans le cercle un écu avec une croix chargée de 5 coquilles, une sur chaque branche de la croix et la cinquième en cœur (Cartulaire de l'Épau, Ms de la Biblioth. Nat., N° 17124, F. latin).

(3) La paroisse de la Madeleine n'existait pas encore. L'église

Mais on ne voit pas quelle était la nature des liens qui l'unissaient aux paroisses, dont il semble qu'elle n'était pas la subordonnée. Elle paraît avoir eu, au contraire, une certaine indépendance, qu'elle devait, sans doute, à des revenus qu'elle possédait en propre, provenant de rentes, les unes en argent, assises sur des maisons de la ville, et les autres en blé, qui lui étaient échues par suite de donations ou de legs. Des bourgeois, qui prenaient la qualification de *procureurs et gouverneurs de la charité de la Blée*, administraient ces revenus et en réglaient l'emploi. Mais l'indépendance qu'on lui voit au XVe siècle disparut peu à peu, en même temps que la disposition de ses revenus, qui furent accaparés par les fabriques des églises, ou tout au moins par celle de Saint-Martin, ainsi que le rapporte M. de Martonne, qui dit qu' « un acte de délibé-« ration du bureau général de 1776 ordonna que la dis-« tribution (des revenus) se ferait à l'avenir aux pau-« vres, par le curé et les marguilliers, suivant l'inten-« tion des fondateurs (1). »

Quelques efforts que, à l'origine, l'initiative privée ait pu faire pour soulager les indigents, elle ne put empêcher le temps d'amener un accroissement considérable du nombre des mendiants. La situation fâcheuse qui en résulta n'était point d'ailleurs particulière à la ville de Vendôme ; elle était, au contraire, devenue si générale dans toute la France, que, vers le milieu du XVIIe siècle, l'attention du gouvernement de Louis XIV dut se porter sur les inconvénients et les dangers résultant du vagabondage et de la mendicité, et chercher les moyens d'y porter remède. Dans ce but, un édit du roi du mois d'avril 1656 ordonna la création dans les villes d'une certaine importance, au nombre desquelles

______

fut bâtie en 1171, et l'érection de la paroisse est de l'année 1487 (M. de Martonne).

(1) P. 51.

celle de Vendôme fut comprise (1), d'établissements destinés à recevoir les pauvres mendiants valides pour y
être enfermés. Celui des registres municipaux qui se
rapporte à l'année 1627 (2) contient les procès-verbaux
de plusieurs assemblées de ville, tenues pour délibérer
sur les moyens de se conformer, sur ce point, aux ordres du roi. Dans la séance du 23 décembre 1657, les
habitants adoptèrent un règlement « fait pour l'établis-
« sement d'un Bureau afin d'empescher la mendicité
« et donner un bon ordre à cette ville et forsbourgs de
« Vendôme, pour la nourriture et subsistance tant des
« pauvres de la ville et forsbourgs qu'étrangers, les
« instruire es metiers et principes de la foi catholique,
« apostolique et romaine, et les faire vivre en véritables
« chrétiens, au lieu que la plupart, jusqu'à présent, ont
« vécu dans l'ignorance et ont mené une vie tout-à-fait
« déréglée et libertine. »

Ce règlement était modelé sur ceux qui avaient été
rédigés pour les villes voisines de Tours et de Blois. Le
système dans lequel il était conçu avait pour base l'in-
ternement et la détention des vagabonds et des mendiants, et quelque éloignées que soient des idées ac-
tuelles sur le respect dû à la liberté des personnes, certaines dispositions contenues dans quelques-uns des
48 articles qui le composent, l'ensemble en paraîtra
sage et pratique, si l'on veut se rappeler qu'une des
maximes de gouvernement admises alors sans con-
teste (3) reconnaissait au pouvoir public le droit de dis-

(1) Peut-être à l'instigation du duc de Beaufort, qui paraît
s'être vivement intéressé à cette question du paupérisme, et qui
voulut peut-être doter la ville d'un établissement analogue à celui de la Salpétrière, que le surintendant Fouquet venait de fonder à Paris (H. Martin, t. XIII, p. 16).

(2) Reg. 1, p. 29.

(3) Ce n'était pas seulement les hommes de gouvernement,
ministres et administrateurs, qui professaient cette maxime.
Elle était répandue dans la masse même de la population, comme

poser arbitrairement des individus qu'il jugeait dange-
reux.

Les pauvres mendiants devaient être enfermés dans le
bureau qui serait établi dans le logis, sur la rue dé-
pendant de l'Hôtel-Dieu, en attendant que l'on ait réuni
des ressources suffisantes pour acquérir et aménager
des locaux spéciaux. Ils y seraient nourris et entrete-
nus conformément au règlement et sous la surveillance
des directeurs du bureau (art. 1er). Dès lors, il était fait
défense à tous pauvres de la ville ou étrangers de mendier dans les églises et les rues, aux portes des maisons
ou ailleurs, sous peine de prison pour la première fois
et de punition corporelle pour la seconde (art. 2). — En
même temps, il était interdit à toutes personnes, de
quelque qualité qu'elles fussent, de donner l'aumône
manuellement, sous aucun prétexte, à des mendiants,
sous peine de quatre livres d'amende (1) applicables au
bureau des pauvres (art. 3).

on le voit par une lettre adressée, le 23 juillet 1669, à Colbert, par
le vicomte Mayeur et les échevins de Dijon. On y lit :

« Mgr, le renfermement des pauvres que nous avons eu en très
« grand nombre ayant été jugé nécessaire en assemblée géné-
« rale, qui fut faite par ordre de S. M. en l'hôtel-de-ville, en pré-
« sence de M. Boucher, intendant de cette province, et les
« moyens pour leur subsistance ayant été aussi examinés, nous
« estimons que ledit sieur Boucher en aura dressé son procès-
« verbal pour vous l'envoyer. Ce qui nous oblige de recourir à
« vous, Mgr, et vous supplier très humblement de nous accorder
« vostre protection pour nous obtenir de la charité de S. M. pre-
« mièrement la permission de renfermer tous les pauvres dans
« nostre hospital, qui est grand, spatieux et un des plus beaux qui
« soient en France, pour les y occuper et faire travailler, comme
« il se pratique à Paris, et pour les y faire subsister, la continua-
« tion à perpétuité d'un octroy de 40 sols par esmine de blé que
« font moudre les boulangers et patissiers seulement, qui peut
« valoir 5,000 fr. par an, tant ainsi que nous en jouissons, il y a
« plus de 78 ans..., » — (Col. des docum. inéd. sur l'Hist. de
France. Corresp. administr. sous Louis XIV, t. i, p. 631-5.)

(1) Ces peines étaient édictées conformément à un arrêt de la
cour du Parlement, du 18 avril 1657.

Les pauvres passants n'étaient point admis au bureau. Ils recevaient 14 deniers, et étaient aussitôt conduits hors de la ville et des faubourgs (art. 4), et si ensuite ils étaient trouvés mendiant dans les rues, ils étaient pris et constitués prisonniers, pour être rasés et punis plus sévèrement encore, en cas de récidive (art. 5). Les habitants qui retireraient chez eux des mendiants et leur donneraient asile, seraient passibles d'une amende de quatre livres parisis, *payable par prison* (art. 6).

L'administration du bureau était confiée à six directeurs, nommés par les habitants en assemblée générale le dimanche précédant Noël. Deux devaient être pris dans le clergé, les quatre autres étaient séculiers et choisissaient entre eux un trésorier (art. 7). Leurs pouvoirs étaient valables pour deux ans (art. 8), et ils les exerçaient sous l'autorité du bailli (art. 9).

Comme ni fonds, ni revenus, ni dotation d'aucune sorte, n'étaient affectés à l'entretien de l'établissement, on dut se préoccuper de trouver des ressources pour le faire vivre. Pour s'en procurer, l'on décida qu'une quête générale serait faite d'abord chez les habitants et les communautés, et qu'ensuite chaque curé ferait tous les ans deux quêtes dans sa paroisse, l'une à Pâques et l'autre à la Toussaint, dont le produit, en nature ou en argent, serait versé par lui entre les mains du trésorier (art. 10). Les directeurs pouvaient aussi désigner des dames, qu'ils priaient de quêter dans les églises (art. 11).

Mais comme il était facile de prévoir que ces ressources seraient insuffisantes, l'on décida, pour les accroître, de faire poser des troncs, pour les pauvres du bureau, dans les églises, dans les boutiques des marchands, dans les hôtelleries (art. 12), d'inviter les curés et leurs vicaires d'exhorter les malades auxquels ils administreraient les sacrements à laisser, par leur testament, quelque chose aux pauvres du bureau, et à provoquer également des aumônes de la part des futurs époux dont ils célébreraient le mariage, et des parrains et des marraines qui leur présenteraient un enfant pour le baptême (art. 13).

De même, les officiers de justice étaient priés de ne procéder à l'installation ou à la réception d'aucun officier, avocat, procureur, greffier, notaire, sergent, maître des métiers, etc.... sans faire verser par ceux-ci quelque offrande pour le bureau des pauvres, et de lui attribuer également une part dans les amendes qu'ils prononceraient (art. 14). Les notaires étaient invités aussi à solliciter en faveur des pauvres la charité des personnes dont ils recevraient le testament (art. 15).

Les blés légués antérieurement pour les aumônes générales et publiques, qui se distribuaient aux Cordeliers et au grand cimetière, devaient être désormais affectés au bureau chargé d'assister à l'avenir les pauvres (art. 21).

La discipline et la police intérieure de l'établissement, ainsi que le régime alimentaire des internés, étaient ensuite longuement réglés dans tous leurs détails.

L'art. 47 signalait prudemment la nécessité de s'opposer à ce que des personnes, sans moyens suffisants d'existence, pour eux ou leur famille, vinssent s'établir dans la ville ou dans les faubourgs.

Enfin l'ensemble du règlement devait être présenté à l'approbation du duc César de Vendôme, qui, avec son fils le duc de Beaufort, avait chaudement encouragé la création de l'établissement.

Mais il n'y avait pas un an que celui-ci fonctionnait, que déjà l'insuffisance des ressources était manifeste. L'assemblée générale du 22 décembre 1658 reconnut la nécessité de modifier le règlement, en réduisant de 15 deniers à 12, pour les grands pauvres, et à 6 deniers pour les enfants de 10 à 12 ans et au-dessous, le secours accordé aux mendiants étrangers qui traversaient la ville, le bureau ne pouvant suffire à la dépense de 5 à 600 livres qu'il avait à supporter de ce chef (1).

(1) Reg. 1. Au bas du procès-verbal, on voit les signatures de

Il semble qu'il arriva bientôt ce qui se produit fréquemment, lorsque des établissements de ce genre sont
fondés sans avoir été préalablement dotés de ressources suffisantes, et surtout bien assises, que le zèle et la
bonne volonté individuels ne tardèrent pas à se ralentir.
Les subsides allèrent en diminuant, et ne furent plus
capables de faire face aux besoins.

Les habitants étant réunis en assemblée générale, le
dimanche 26 décembre 1662, pour procéder à la nomination de deux nouveaux directeurs, en remplacement
de ceux dont les pouvoirs étaient expirés, ceux encore
en exercice saisirent cette occasion de faire connaître la
situation précaire du bureau.

Le trésorier, M. Cadot, en fit un exposé complet. Les
menues denrées, telles que beurre, sel, bois, chandelle,
etc., occasionnent à elles seules une dépense de plus de
mille livres, et l'on ne possédait *aucun fonds estably ni
assuré* pour y satisfaire. Il évaluait à vingt septiers les
blés en réserve dans les greniers, qui avaient été ache-
tés au moyen de dons faits par des personnes étrangères au duché. Les Bénédictins offraient soixante-dix
septiers, et tout ce dont on pourrait disposer ne dépasse-
rait pas six vingt septiers, tandis qu'il en faudrait le
double pour l'entretien des pauvres jusqu'au mois de
juillet. Il rappelait enfin que l'on n'avait aucun argent
pour acheter la viande, le beurre, le sel et les menues
denrées.

Les habitants, reconnaissant l'exactitude de cette situation, invitèrent les directeurs à s'adresser au duc,
pour lui exposer la pauvreté du bureau, lui faire savoir
l'impossibilité où ils se trouvaient de le faire subsister
« étant la plus grande partie d'iceux, pauvres et nécessi-
« teux et leur pauvreté causée de longtemps et par les
« années dernière et présente, tant par les maladies que
« tailles, » et de solliciter son Altesse de vouloir bien

César de Vendôme et de François de Vendôme (le duc de Beaufort).

permettre que le bureau *fut cassé* et que les habitants fissent à l'avenir leurs charités comme ils l'entendraient. L'on proposa aussi de surseoir à la nomination de nouveaux directeurs jusqu'à ce que l'on eût reçu la réponse du duc. Mais les directeurs dont le temps était fini refusèrent de continuer leurs fonctions, et exigèrent que, sans plus tarder, on leur donnât des successeurs, ce qui fut fait (1).

Les registres municipaux ne portent pas trace de la réponse du duc à la requête des directeurs. Mais, quelle qu'elle ait été, il est certain que, faute de ressources, le bureau cessa de fonctionner. Il fallait que la pénurie fût bien grande, car le moment où il succombait était précisément celui où, à l'instigation de Colbert, un édit du mois de juin 1662 (2) venait d'ordonner de nouveau la création, dans les villes et bourgs, d'hôpitaux destinés à recevoir les pauvres et à leur fournir du travail et du pain, afin d'arriver à supprimer la mendicité ; mais, en présence d'une impossibilité absolue, la nécessité fut de se résigner à la suppression du bureau.

Bien que cette tentative ait été si promptement suivie d'un échec complet, elle devait être renouvelée au bout de peu d'années, ainsi qu'on le verra par la suite de ce travail.

(1) Reg. 1, f° 66.
(2) Histoire de France d'Henri Martin, t. xiii, p. 81.

II.

On a vu, dans la première partie de cet article, comment la tentative faite en 1657, pour fonder dans la ville de Vendôme un hôpital général destiné à recueillir les pauvres mendiants, avait été promptement suivie d'un échec complet. Néanmoins l'idée qui l'avait inspirée répondait à un besoin si réel et était si conforme aux préoccupations du gouvernement, qui ne cessait de rechercher les moyens d'éteindre la mendicité, qu'elle ne tarda pas beaucoup à être reprise.

Un arrêt du Conseil d'État du 7 juin 1678 (1) ordonna de nouveau la création d'un hôpital général dans la ville de Vendôme, et le marquis de Menars, intendant de la généralité d'Orléans, enjoignit aux habitants d'avoir à se conformer sur ce point aux ordres du roi.

Ils s'assemblèrent, en conséquence, le 11 juin 1679, pour délibérer (comme le dit le registre) « sur les « moyens et choses nécessaires pour l'établissement « d'un hôpital général, que le roi désire être fait en cette « ville, pour y loger, enfermer et nourrir les pauvres

(1) Voyez Histoire de France d'Henri Martin (1ᵉ édition), t. xiii, p. 84 — L'hôpital de Morée avait été fondé en 1675.

« mendiants invalides natifs de cette ville, ou qui y au-
« roient demeuré *pendant un an*, comme aussi les en-
« fants orphelins ou nés de parents mendiants, pour y
« être instruits à la piété et religion chrétienne, et aux
« métiers dont ils pourroient se rendre capables, sans
« qu'il leur soit permis de vaguer. »

L'hôpital général qu'il s'agissait de fonder n'était pas
autre chose que le Bureau des pauvres que l'on avait
tenté d'établir en 1657, avec cette différence cependant
que le nouveau projet était moins large que le premier,
puisqu'il excluait les mendiants étrangers, pour n'ad-
mettre que les indigents natifs de la ville ou y ayant demeuré pendant un an. Cette dernière disposition était si
sage, qu'elle est passée dans notre législation hospitalière, où elle sert encore à déterminer le temps pendant
lequel il est nécessaire qu'un indigent réside dans une
commune pour y acquérir son domicile de secours. Cependant les habitants, éclairés par une expérience ré-
cente, se montrèrent très préoccupés de l'avenir réservé
au nouvel hôpital général, qu'ils ne voyaient assuré par
aucune dotation ni ressource certaine. Ils exprimèrent
la crainte qu'il n'eût pas un meilleur sort que son de-
vancier, et rappelèrent que celui-ci, fondé par les soins
du duc de Beaufort, n'avait vécu que pendant quatre
années, « non pas tant des aumônes et charités volon-
« taires des habitants de la ville, des aumônes géné-
« rales des religieux Bénédictins et de celles provenant
« de fondations particulières qui se font une fois l'an
« aux Cordeliers et au grand cimetière de cette ville,
« qu'on y avoit appliquées, que par les grands dons et
« charités qu'y firent leurs Altesses de Vendôme, de
« Mercœur, de Beaufort, Madame la présidente de
« Harlé (2), Mademoiselle de la Moignon et autres per-
« sonnes de piété de la ville de Paris, lesquels ayant
« cessé, on fut obligé de fermer par impuissance, parce

(1) Registre II, f° 71.
(2) De Harlay.

a

MD. Madame dans une
une heureuse sur l'Église
de Mareau. Dans Dumont
300. de mois [illegible] B[illegible] qui
[illegible] de 1343. La blaze de la
unité employai chaque année
12 Sepulcre de Fle en dumon
ara de Pauvre la ville
de environ. Allumer de Chaque
mois. depuis le [illegible]
jusqu'à Pâque.
Cette dernière durant jusqu'à
la Révolution.

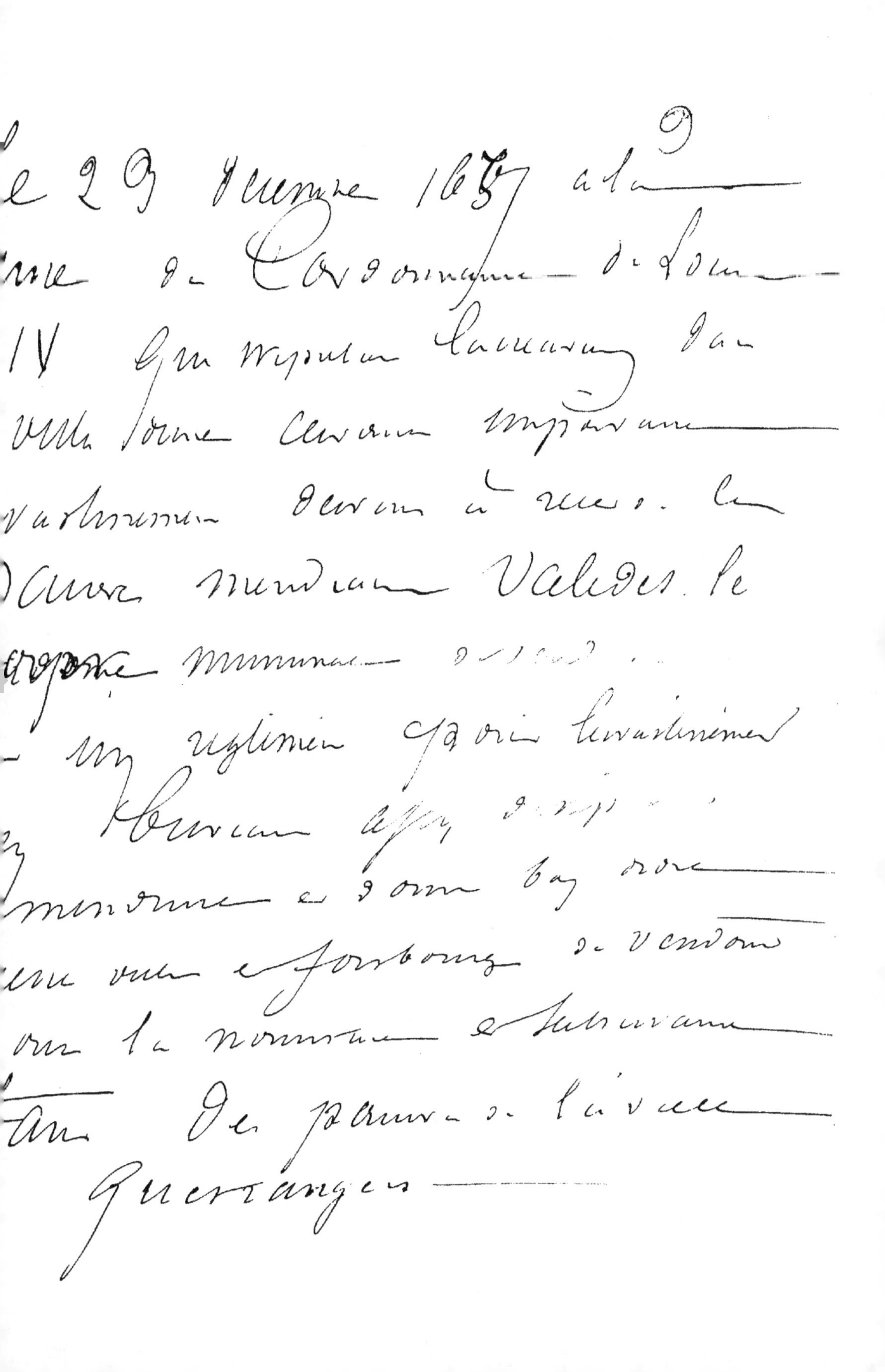

Le 29 décembre 185[7] à la
[rue] de l'Ordonnance de Louis
IV [illegible] [illegible]
[illegible] [illegible] [illegible]
[illegible] [illegible] à [illegible]. La
[illegible] [illegible] Valdes. Le
[illegible] [illegible] [illegible]
[illegible] [illegible] [illegible]
[illegible] [illegible] [illegible]
[illegible] [illegible] faubourg de Vendôme
[illegible] la nouvelle [illegible]
[illegible] de [illegible] [illegible]
Guéranger

Les [illegible] — les Métiers — [illegible]
de la Foi — Catholique — et la Jeun-
[illegible] en [illegible] ([illegible])
[illegible] était [illegible] sur
[illegible] Rouen et [illegible]

Le renfermement — compos[illegible] [illegible],
[illegible] des pauvres
Les change [illegible] [illegible] pa[illegible]
[illegible] ils [illegible] de[illegible]
[illegible] pour la ville

D'ordinaire [illegible] trouver [illegible]
[illegible] [illegible] nommés [illegible]
[illegible] le 2[illegible] [illegible]
D[illegible] [illegible] le clergé [illegible]
[illegible] [illegible] seul [illegible] [illegible]
[illegible] pour d[illegible] an

[illegible] V par une bulle de
1339, [illegible] Au [illegible] le
[illegible] Pouvoir A la reparation
[illegible] Armoire [illegible], Henri
Charle IX, Henri III l'ordonna
[illegible], en particulier
[illegible] que ville Bourge [illegible]
[illegible] l'obligation de nouvel
couvertes de pauvres né dans leur
[illegible]. l'assurance. locale [illegible]
[illegible] instruction Nationale

5

La Corine d'alimentation commença
exemple grand à une guerre
générale j'y posa de ...
... soldurand de légion ...
... une face sur la
... plus à ... l'église ... livre
Le ... Vendôme

« qu'il n'y avoit aucun revenu certain ni assuré (1). »
Les mêmes causes devaient produire les mêmes résultats, et les habitants déclaraient que, quelque inclina-
tion et bonne volonté qu'ils eussent pour soutenir le
même établissement, « ils pourroient d'autant moins le
« faire, disaient-ils, qu'ils étoient beaucoup depuis di-
« minués de nombre et de moyens par les grandes im-
« positions qu'ils avoient payées et logements de gens
« de guerre qu'ils avoient soufferts, tant de passage que
« de quartiers d'hyver, et les misères qui les avoient af-
« fligés et affligent journellement par la cessation de
« leur commerce. »

Cependant, ils assuraient être prêts à faire tous leurs
efforts pour jouir des avantages que le roi voulait leur
procurer. Ils demandaient que, pour leur venir en aide,
S. M. voulût bien affecter à l'hôpital général de petits
hôpitaux situés dans le Vendômois, qui n'avaient pas
été réunis à l'ordre de Saint-Lazare, et dans lesquels,
dit le registre, « l'hospitalité ne s'exerce qu'en figure,
« comme celui de la paroisse de Lisle, affermé 150 li-
« vres. » Ils sollicitaient également quelques bénéfices
simples situés dans le voisinage de la ville, savoir : le
prieuré de Lancé, qui valait 1,800 livres ; celui de Saint-
Marc, 600 livres ; celui de Saint-Pierre-la-Motte, 120 livres ; la Chapelle Saint-Jacques-du-Bourbier, dont l'é-
glise et les bâtiments, situés au faubourg Saint-Georges,
étaient entièrement ruinés, valant 60 livres ; et la chapelle de Sainte-Marie-Madeleine au faubourg Chartrain,
à laquelle le domaine de la Maladrerie avait été réuni
depuis longtemps, et qui avait été attribué, mais à tort,
à l'ordre de Saint-Lazare.

Le roi était aussi prié d'abandonner à l'hôpital la moitié qu'il prélevait sur le produit de l'octroi, et de permet-

(1) Ce texte fait voir que, pendant les premières années de son
existence, le Bureau avait vécu bien plutôt des libéralités des
Princes de Vendôme et de personnes étrangères à la ville que
des ressources locales.

tre d'attribuer à cet établissement la portion de l'autre
moitié appartenant à la ville, en l'affranchissant des
frais de reddition des comptes devant la chambre des
comptes, frais qui étaient pour la ville une charge si
lourde, qu'ils faisaient appréhender aux bourgeois d'ac-
cepter l'échevinage (1).

On demandait encore l'affectation à l'hôpital de toutes les aumônes, tant générales que particulières, faites
par les communautés et les habitants. On les évaluait à
cent ou cent vingt septiers de blé, chaque septier com-
posé de douze boisseaux, et chaque boisseau rendant
un pain de quatorze livres. A ces avantages on pourrait ajouter celui de faire jouir du droit de *franc-salé*,
l'hôpital qui paierait seulement le prix du marchand,
pour le sel qu'il consommerait.

Enfin les habitants proposaient de placer cet établissement au grand cimetière ou au faubourg Chartrain. Ils
regardaient cet emplacement comme étant le plus con-
venable, tant à raison de sa situation que parce que le

(1) Les octrois n'étaient accordés que pour un temps limité, et
leur renouvellement donnait lieu à la perception de taxes et de
droits exorbitants, qui devaient être acquittés avec exactitude,
quand même les recettes étaient parfois minimes ou nulles. Les
habitants étaient alors obligés de faire à la ville l'avance des
fonds qui lui manquaient, et les échevins étaient naturellement
les premiers auxquels on s'adressait. Un procès-verbal d'assemblée du 5 octobre 1659 fait connaître que, pour le renouvellement
de l'octroi, dont la portion attribuée à la ville n'était que de 600
livres, les frais de renouvellement et de vérification avaient été
fixés par le Conseil du roi à 500 livres. La reddition des comptes, tant au bureau des finances de la généralité d'Orléans qu'à
la Chambre des comptes, et les sommes à payer aux huissiers, oc-
casionnaient de grands frais, et par ces causes l'on avait vu des
habitants *être exécutés de leurs biens meubles, et des garnisons
établies dans leurs maisons de campagne*. Un échevin avait même
été jeté en prison, d'où il n'était sorti qu'au bout de trois mois,
par impuissance (de payer) *et compassion de Sa Majesté*. — Reg.
municipal. N° 1, f° 45 et 90.

terrain appartenait à la ville (1), et qu'il y avait déjà un grand vaisseau ou bâtiment dans lequel il serait possible d'établir des salles et des dortoirs pour les pauvres. Les dépenses à faire pour recevoir de 100 à 200 pauvres, non compris les enfants, étaient évaluées à sept ou huit mille livres, pour l'aménagement des locaux et à trois ou quatre mille pour le mobilier (2).

Quel accueil ces demandes reçurent-elles, et qu'advint-il de ce projet (3) ? On l'ignore, car on ne retrouve sur les registres municipaux aucune mention indiquant soit qu'il y ait été fait réponse, soit qu'il y ait été donné suite.

(1) C'était le terrain sur lequel il avait été précédemment établi un Sanitas, dont une rue a conservé le nom.

(2) Registre 2, f° 76.

(3) Il y a lieu de penser que, s'il y fut répondu, ce ne fut pas dans un sens favorable, car, tout en poussant à la création des hôpitaux, le gouvernement entendait ne point contribuer aux frais d'établissement et d'entretien, qui devaient rester en entier à la charge des habitants. C'est ce que Colbert expliquait dans une lettre qu'il adressait le 2 janvier 1679 à l'intendant d'Aguesseau, dans laquelle il lui dit : « M', j'ai rendu compte au roi du « projet d'arrêt que vous m'avez envoyé, pour faire une imposi- « tion sur le vin qui se débite dans la ville de Mande, pour em- « ployer les deniers au bastiment d'un hopital général, et S. M. « m'ordonne de vous dire en réponse que les hospitaux généraux « doivent être des œuvres de charité et volonté des peuples, et « non pas d'impositions forcées, et qu'ainsy ce devroit être l'ou- « vrage des évêques, des confesseurs, des prédicateurs et des di- « recteurs, et lorsque les moyens ne sont pas suffisans, il seroit « au moins nécessaire de ne se servir de l'assemblée des peuples « que pour se cottiser volontairement sur des rolles qui seroient « faits dans l'hotel de ville, ou, en cas que ce moyen ne pût être « pratiqué, le seul expédient qui resteroit seroit de faire des im- « positions sur les maisons, S. M. ayant exclu de toutes les gé- « néralités de son royaume sujettes aux impositions, toutes les « impositions forcées sur les denrées sur lesquelles S. M. a ac- « coutumé d'imposer suivant les nécessités de l'Etat. » — (Do- cuments inédits. Correspondance administrative sous Louis XIV, t. 1, p. 876, n° 128.)

Il est permis d'inférer au contraire d'un procès-verbal d'assemblée du 12 novembre 1713, relatif à la réglementation des aumônes, qu'il n'avait été suivi d'aucune exécution.

Des difficultés s'étaient élevées sans doute, à cette dernière époque, entre la ville et les religieux bénédictins, au sujet de la quotité des grains que ceux-ci devaient affecter aux besoins des pauvres. Ils représentèrent par l'organe de leurs députés, dom Louis Perronain, dépositaire, et dom Louis d'Aligre, cellerier, que, lorsqu'au mois d'avril 1621, l'abbé et les anciens religieux avaient consenti à la réforme de l'abbaye et à son union à la congrégation de Saint-Maur, il avait été stipulé que des Pères de cette dernière prendraient à leur charge le blé destiné au soulagement des pauvres, *afin de faire par leurs mains les aumones tant générales que particulières*, et que la quantité avait été fixée à huit muids, que l'abbé avait coutume de donner chaque année, et que, par suite de ces conventions, les religieux ne pouvaient pas être tenus de fournir au delà de ces huit muids, *par la distribution desquels*, dirent-ils, *leur conscience et leurs obligations sont acquittées.*

Cette distribution n'était pas exempte d'abus graves, et comme la quantité de blé qui en faisait l'objet était déterminée d'une manière précise, l'intérêt général, celui des pauvres et des habitants, comme celui des religieux, commandaient que le nombre des indigents admis à en profiter fût limité, « ladite quantité de blé, dit le re-
« gistre, ne pouvant pas suffire à un nombre infini de
« vagabonds, de pauvres étrangers, de faux pauvres,
« enfants, servantes des bourgeois et marchands, de
« libertins qui se mêlent aux vrais pauvres de cette ville
« pour avoir part à un pain qui appartient qu'à ceux-ci,
« pour vendre ledit pain et en faire un emploi contraire
« à sa destination, outre quoi n'estant que trop certain
« que le nombre des pauvres est fort augmenté en cette
« province, et qu'il vient en cette ville des cinq mille
« personnes à chaque jour d'annonce générale, il est im-

« possible que lesdits sieurs religieux puissent avoir
« avec ladite quantité de blé, du pain cuit pour fournir
« à un si grand nombre. Ce qui expose lesdits sieurs re-
« ligieux à des séditions très dangereuses, contre les
« dispositions des ordonnances qui défendent les at-
« troupements de gens de telle sorte (1). »

Comme conséquence de l'exposé de cette situation
déplorable, les Bénédictins requirent qu'il fût dressé un
rôle des vrais pauvres des quatre paroisses de la ville,
par les soins de telles personnes qu'il plairait de choisir,
pour que ce rôle servît ensuite à faire la distribution du
pain, ainsi que cela se pratiquait dans la ville de Saint-
Calais, en exécution d'un arrêt du Parlement du 19 août
1713, rendu entre l'abbé et les habitants de cette ville.

En réponse à cette réquisition des religieux, et pour
servir de base à l'examen qu'il convenait d'en faire, les
habitants invitèrent les Bénédictins à représenter les titres de fondation de ces aumônes. Il semble que ceux-ci
ne purent ou ne voulurent les rapporter, car deux jours
après, le 12 novembre, les habitants, assemblés de nouveau, dirent : « que n'étant instruits du titre primor-
« dial de la fondation de l'aumône générale qui s'est
« faite de temps immémorial par les religieux de l'ab-
« baye de cette ville, les lundis de chaque semaine,
« à commencer le premier lundi de janvier jusqu'au
« lundi de la semaine sainte inclusivement, ils sont d'a-
« vis, suivant la possession dans laquelle se trouvent
« les pauvres et le public, que lesdits religieux conti-
« nuent leurs aumônes ainsi qu'ils ont coutume de faire,
« et protestent contre eux de tout ce qui pourroit être
« innové au préjudice de la précédente délibération. »

Vraisemblablement, les choses restèrent une fois encore dans l'état ancien qui semble s'être perpétué pendant de longues années, car ce n'est plus qu'à la date de

____

(1) Reg. 6, f° 45.

1769 que l'on voit reparaître cette question de l'assistance des pauvres.

La plaie du paupérisme affligeait la ville plus que jamais (1). Les nombreux métiers qui, au siècle précédent, fabriquaient des draps, des serges et des étamines, étaient presque tous disparus. La ruine de cette industrie laissait sans travail beaucoup d'ouvriers, qui venaient grossir le nombre des nécessiteux. C'était pour le lieutenant-général civil, qui avait la police dans ses attributions, un sujet de vives préoccupations. Le 24 février 1769 (2), il exposa à l'assemblée de ville la situation pénible des pauvres des quatre paroisses et la nécessité de leur procurer des secours. Il proposa à cet effet l'établissement d'un bureau de charité, qui règlerait toutes les opérations nécessaires pour atteindre ce but.

La proposition fut favorablement accueillie, et l'établissement d'un bureau de charité *libre et volontaire* fut

---

(1) La foule des pauvres qui se présentaient pour participer à l'aumône publique que l'on faisait au grand-cimetière le jour des Rameaux était si considérable, qu'elle y occasionnait de sérieux dégâts. — Ainsi, en 1780, la porte et les murs du cimetière, qui avaient été récemment restaurés, avaient encore besoin de réparations urgentes, par suite de dégradations causées par les mendiants venus en trop grand nombre de la ville et des environs pour pouvoir tous prendre part à la distribution. Comme l'usage était d'en faire entrer une partie dans le cimetière, dont ensuite on fermait la porte, ceux restés dehors s'irritaient de se voir exclus, et alors les uns se ruaient sur la porte, qu'ils cherchaient à ouvrir de force et qu'ils ébranlaient, tandis que d'autres escaladaient les murs, qu'ils dégradaient.

Pour mettre un terme à ce désordre, on cessa de faire la distribution dans la chapelle du grand-cimetière. On la transporta dans les paroisses de la ville, et l'on n'y admit plus que ceux des pauvres de la ville qui avaient suivi la procession.

La quantité de pain à distribuer était celle produite par 3 septiers de blé, légués par M. Neiz de Bréviande.

(2) Reg. 17, f° 83.

immédiatement décidé à la pluralité des voix. On arrêta
que les principaux magistrats, lieutenant-général, procureur du roi, maire, en feraient partie, avec les curés
des quatre paroisses de la ville, et six commissaires
nommés au scrutin par les députés des corps dans
l'assemblée générale de la ville (1). Deux seraient pris
dans la paroisse de Saint-Martin, deux dans celle de la
Madeleine, et un dans chacune de celles de Saint-Lubin et de Saint-Bienheuré. Ces commissaires avaient
pour mission « de régler et diriger toutes les opérations
« reconnues utiles pour procurer les secours néces-
« saires aux pauvres des quatre paroisses, dans la
« forme et la manière la plus sûre et la moins onéreuse
« au public, et cependant par *voie d'aumône.* »

Ils s'assemblèrent à l'hôtel-Dieu, ne pouvant le faire
à l'hôtel de ville, à cause de l'état de dégradations
dans lequel il était alors (2).

M. de Rochambeau, gouverneur de la ville, voulut
siéger avec les commissaires, dont l'élection avait été
faite le 5 mars. On leur adjoignit aussi le prieur des
Bénédictins et le supérieur de l'Oratoire, comme représentants de leurs communautés, qui s'étaient inscrites
sur l'état des aumônes (3).

Le programme du nouveau bureau ne parlait plus
d'extinction de la mendicité, mais simplement de se-

---

(1) Le système électoral alors en pratique était celui du suf-
frage restreint et à plusieurs degrés. La population se trouvait
répartie presque tout entière entre les différentes castes, classes,
compagnies ou corporations, qui formaient comme autant d'uni-
tés dans l'ensemble de la société. Chacune d'elles élisait dans
son sein des députés, qui allaient la représenter à l'assemblée
générale de la ville.

(2) Vers cette époque, d'importantes réparations et des modifi-
cations furent faites à l'hôtel de ville. Elles comprenaient no-
tamment la construction d'un nouvel escalier et la réfection des
toitures qui amena la suppression du *donjon* (?).

(3) Reg. 17, f° 83.

cours à distribuer aux nécessiteux, et, même dans ces conditions restreintes, il eût été difficile de garantir une longue durée à un établissement dont l'existence reposait tout entière sur le produit plus ou moins abondant d'offrandes et de dons volontaires ; car ces ressources sont, par leur nature, toujours fort précaires, et le temps a pour effet inévitable de les amoindrir. On espérait obtenir de l'intendant un secours qu'il avait annoncé, en considération, sans doute, de la situation malheureuse des ouvriers d'industrie et de la nécessité de leur venir en aide.

Quelles qu'aient été les ressources qu'il fut possible de réunir, elles ne procurèrent au bureau qu'une existence difficile et éphémère ; car, dès la fin de l'année, le 27 décembre, on délibérait de nouveau sur son avenir. L'on décidait qu'il continuerait de subsister tel qu'il était établi jusqu'à l'ouverture de la moisson prochaine, que l'aumône des Bénédictins serait réunie à celles recueillies à son profit, qu'il ne se séparerait point, même après l'entier épuisement de ces dernières, mais qu'il continuerait de procéder à la distribution de l'aumône publique des Bénédictins, toutefois sous leur bon plaisir et celui de leur abbé. Pour le cas, cependant, où ceux-ci ne donneraient pas leur consentement, ou encore si l'homologation de cette délibération n'était pas obtenue, on autorisait le maire et les échevins à provoquer la remise de cette aumône à l'hôpital.

Ainsi qu'on l'avait prévu, les ressources propres au bureau furent promptement épuisées. Il semble que les Bénédictins n'abandonnèrent point la libre disposition de leur fonds d'aumône, et que les choses retombèrent dans l'état où elles étaient par le passé.

Tant d'échecs successifs auraient bien pu décourager les meilleures volontés, mais le zèle de personnes compatissantes, stimulé par le spectacle de l'indigence et des misères qu'elles avaient constamment sous les yeux, les poussait sans cesse à faire de nouveaux efforts. De ce nombre était M. Bry, curé de la paroisse Saint-Mar-

tin. Il crut trouver dans une circonstance fortuite, qui
se produisit en l'année 1778, une occasion favorable de
vaincre l'obstacle principal contre lequel on s'était toujours brisé, c'est-à-dire le manque de ressources certaines et bien assises.

Une dame habitant Vendôme, la comtesse de Vic (1),
avait en mourant légué ses diamants et une somme de
6,000 livres aux pauvres de la paroisse de Saint-Martin. Le curé pensa pouvoir former avec ce capital un
fonds qui, grossi au moyen de ressources accessoires,
pourrait suffire à assurer l'existence d'un bureau de charité. Il fit part de son idée à l'administration munici-
pale, et lui proposa de travailler en commun à la création d'un établissement désiré depuis si longtemps. Le
projet fut accueilli avec la faveur qu'il méritait ; sans
tarder on prépara une organisation, et l'on rédigea un
règlement, qui fut approuvé en assemblée générale le 30
avril 1770 (2).

Dès lors le bureau commença de fonctionner pour le
plus grand avantage des pauvres de Saint-Martin, car
c'étaient ceux de cette paroisse seulement que Madame
de Vic avait institués ses légataires. Les résultats donnés par cette modeste institution ne tardèrent pas à at-
tirer l'attention d'un homme distingué, M. de Sarrazin (3), que le mariage avait fixé dans le Vendômois, et

(1) Françoise de Trémault, décédée le 25 mars 1772, âgée de
61 ans, était veuve de François-Gédéon comte de Vic. Elle fut in-
humée dans la chapelle Saint-Mathurin de l'église Saint-Martin.
Elle était sœur de Gilles-François de Trémault, lieutenant-général civil et alors maire de Vendôme, et tante de Jacques-Fran-
çois de Trémault, fils du précédent, auquel il avait succédé
comme lieutenant-général civil.

(2) Registre de la fabrique de Saint-Martin.

(3) Gilbert de Sarrazin, capitaine au régiment de Noailles,
d'une ancienne famille noble d'Auvergne, s'était fixé dans le Vendômois, à la suite de son mariage avec une demoiselle de Gal-
lois de Bezay. Il siégea à l'Assemblée constituante jusqu'en
1791.

que la noblesse du bailliage de Vendôme allait prochainement choisir pour son député aux Etats généraux de 1789 et à l'Assemblée constituante. Il pensa qu'il serait possible de procurer aux pauvres des autres paroisses de la ville des avantages semblables à ceux dont jouissaient les pauvres de Saint-Martin. Après avoir soigneusement observé la situation de la classe indigente dans la ville de Vendôme, il consigna dans un mémoire substantiel les résultats de son examen et de son étude, ainsi que les moyens qui lui semblaient pouvoir être employés pour soulager le plus grand nombre possible d'indigents.

Il en donna lecture dans une assemblée générale de la ville, qui fut tenue au mois de février 1788.

Le temps, en passant sur ce travail, qui date aujourd'hui de près d'un siècle, lui a donné un intérêt véritable, et il mérite d'être rapidement analysé.

L'auteur présente d'abord quelques renseignements statistiques. Il évalue à 1260 le nombre des maisons de la ville et à 6,500 celui des habitants de tous états et de tous âges, et il compte parmi ceux-ci 1,200 pauvres, tous domiciliés. C'est plus du sixième de la population totale. Après avoir constaté avec tristesse que la plupart de ces individus sont difformes, estropiés ou atteints de maladies incurables, telles que l'épilepsie, il démontre que, si chacun d'eux recevait seulement 2 sols par jour, secours bien insuffisant pour les faire vivre, il en résulterait une dépense annuelle de 36 livres 10 sols par tête, ou de 43,800 livres pour la totalité.

Le système qu'il conseille de suivre consiste à centraliser les aumônes particulières pour en former un fonds commun, au moyen duquel on créera un établissement qui fournira du travail et du pain aux mendiants. On arrivera par là, sinon à éteindre la mendicité, du moins à la réduire à quelques pauvres tolérés par la police, et à « anéantir cette inertie et cette paresse qui règnent depuis si longtemps dans cette province. » Il faut ressusciter l'industrie, jadis florissante, morte aujourd'hui. « Vous aviez autrefois, dit-il, des manufactures de gros « draps, celles de Meslai sont connues dans tout le « royaume. Vos tanneries ont été florissantes ; votre « ganterie se soutient encore ; vos broderies ont fait « pendant longtemps l'admiration de toute la France.

« Nous habitons un climat heureux et fertile. Nous « touchons à la capitale, et bientôt nous allons franchir « les obstacles qui nous séparent des villes de Tours, « de Blois et d'Orléans. Bientôt nous serons associés à « leur commerce, et nous pourrons partager leur for- « tune et leur bonheur. Surtout, Messieurs, écartons « les vagabonds et les paresseux, qui, sûrs de trouver « parmi nous une subsistance aisée, viennent en foule « pour y prendre leur domicile et y propager leurs « vices.... »

Le mémoire fait remarquer que les 1,200 pauvres ne sont pas tous, pendant toute l'année, à la charge de la charité publique. Dans la saison des travaux de la cam- pagne, un certain nombre sont occupés à la culture des vignes, aux foins, aux moissons et au glanage, qui les nourrit pendant deux mois. Il y a environ cent vieillards ou infirmes incapables de gagner leur vie ; mais l'Ora- toire en nourrit 80 ; les Ursulines 10, et le Calvaire au- tant. M. Josse « dont le nom mérite tant de bénédic- « tions, » occupe cent personnes à ses manufactures et ses cotons. Parmi les 1,200 pauvres, se trouve un grand nombre d'enfants, qui, lorsqu'ils recevront, ainsi que leurs parents, un salaire proportionné à leur travail, subviendront eux-mêmes à leur nourriture, et dispa- raîtront du tableau des indigents.

M. de Sarrazin énumère ensuite les ressources qui, dans sa pensée, pourraient être affectées à l'entretien de l'établissement. Selon lui, c'étaient les suivantes, sa- voir :

Une somme de 1,100 livres que les curés avaient à leur disposition ;

Les distributions de pain que faisaient les Bénédictins depuis les Rois jusqu'à Pâques, dont, en 1769, on avait déjà sollicité la réunion ; elles représentaient environ 100 septiers de blé ;

400 livres offertes par les Ursulines pour les femmes en couches ;

200 livres par Messieurs du chapitre, en dehors de leurs charités personnelles ;

200 livres dont M. Bonneau (1) avait l'administration ;

600 livres offertes par l'Oratoire, qui donnait déjà la soupe à 80 pauvres, et 240 pains, dont il se réservait de faire la distribution.

Les curés offraient la moitié de leurs décimes, ainsi que les quêtes qu'ils feraient dans leurs églises, que l'on pouvait évaluer à 240 livres.

« Déjà, est-il dit, des citoyens ont demandé à être « associés à l'œuvre. Un généreux anonyme offre d'a-« cheter de ses deniers le terrain des Capucins (2), et de « le donner à la ville, à la seule condition d'en faire un « établissement de travail et de charité, et s'il se présente « des obstacles, il offre alors sa propre maison. »

On était en droit d'attendre aussi un secours de l'assemblée provinciale ; enfin, l'on estimait à 2,400 livres ce que l'on recevrait du public, et l'on évaluait à 1,200 livres la somme que l'on espérait obtenir à l'occasion de la réunion de l'abbaye au chapitre (3).

(1) M. Bonneau était avocat à Vendôme.

(2) Couvent situé au faubourg Chartrain, que les Capucins avaient cessé récemment d'occuper.

(3) Depuis une quinzaine d'années, l'évêque de Blois sollicitait la suppression du titre de l'abbaye de la Trinité, de Monsieur, qui en avait la disposition comme apanagiste du duché de Vendôme. Cette suppression ouvrait la vacance de la manse abbatiale, dont l'évêque voulait se faire attribuer la jouissance, pour les besoins de son séminaire et de son diocèse. Mais le chapitre de Saint-Georges, dès qu'il avait eu connaissance des projets de

Le mémoire cite ensuite comme exemples à suivre les associations de bienfaisance qui s'étaient formées, au moyen de souscriptions, dans certaines villes. Les cotisations des membres étaient de 5 louis à Paris, de 48 livres à Orléans. La souscription était faite pour trois années, et renouvelée ensuite pour une semblable période. Il estimait que 12 livres seraient une cotisation beaucoup trop élevée pour Vendôme ; que ce chiffre écarterait bon nombre de souscripteurs, tandis qu'il fallait ménager et réunir toutes les ressources. Comme moyen d'exécution, il indiquait l'ouverture d'une souscription publique et volontaire, qui serait reçue sur un registre déposé à l'hôtel de ville.

Le mémoire concluait à inviter les corps et communautés à s'inscrire sur une liste de souscription, et à faire une quête générale chez les particuliers, à l'instar de celles qui avaient été faites dans la ville du Mans, où elles avaient produit 16,000 livres ; puis à la nomination de commissaires chargés de rédiger un règlement, après quoi il y aurait lieu de choisir des administrateurs, au nombre desquels il conviendrait de comprendre les curés, un fabricier de chaque paroisse, des représentants des Bénédictins, de l'Oratoire, du bailliage, un échevin, quatre notables pour toutes les compagnies, deux négociants pour acheter les matières premières, M. Josse, un trésorier, et quatre ou six dames de charité.

L'utilité du projet était trop évidente pour qu'il n'obtînt pas l'approbation générale. Il fut donc renvoyé à l'examen de commissaires ; mais, après l'avoir soigneu-

l'évêque, s'était mis à la traverse, en réclamant pour lui-même l'attribution de la manse. Il s'en était suivi une lutte longue et d'une vivacité proportionnée à l'importance de son objet. Enfin le prince avait tranché le débat au mois d'avril 1788, en attribuant la manse abbatiale au chapitre, mais à charge de certaines obligations, et après la mort ou démission du titulaire actuel, l'évêque de Soissons.

sement étudié, ceux-ci reconnurent que les ressources indiquées n'avaient ni une assiette ni une fixité suffisantes pour assurer l'existence régulière de cet établissement. D'ailleurs, le bureau de la fabrique de Saint-Martin se refusait à laisser réunir les revenus de *la charité de la paroisse* (1) à la caisse génerale, qui se trouvait dès lors privée d'une ressource importante et surtout bien assise. Ils demandèrent à présenter à une assemblée générale le résultat de leur travail.

A cet effet, les habitants se réunirent le 14 décembre 1788 (2), sous la présidence de M. Courtin, premier échevin, à défaut du maire, M. de Trémault, qui venait de mourir.

Il fit connaître que l'administration, partageant l'avis des commissaires, reconnaissait l'impossibilité de créer un bureau général, tel qu'il avait été proposé en vue d'éteindre la mendicité ; mais il exposa, en même temps, qu'il n'en fallait pas moins aviser aux moyens de venir sans retard au secours des pauvres, dont les besoins étaient grands, que dans ce but un mémoire très pressant avait été adressé, dès le commencement du mois, aux députés du bureau intermédiaire de la province de l'Orléanais, pour en obtenir des subsides d'autant plus nécessaires, dit-il, « que les différents événements ar-
« rivés depuis les dernières assemblées ayant frappé
« sur des compagnies entières, et le fléau du 13 juillet
« dernier (3) ayant dévasté une partie des campagnes,
« et privé de leurs revenus une partie de ceux qui
« avaient fait des soumissions pour cet utile établisse-
« ment, les met quant à présent hors d'état d'effectuer
« leurs promesses (4). »

(1) Extrait d'un registre de la paroisse Saint-Martin. Communication due à l'obligeance de M. l'abbé Métais.

(2) Reg. 20. f° 51.

(3) Un orage, ou plutôt une trombe d'une violence extrême, qui traversa plusieurs provinces et causa de grands ravages. Le souvenir en a été consigné.

(4) Reg. 20, f° 51.

Pour parer aux besoins d'autant plus pressants, que le froid était alors très vif, et que la neige qui couvrait la terre empêchait les hommes valides de travailler, M. Courtin proposait de créer de nouveau un bureau de charité au moyen de quêtes volontaires, dans la forme et suivant le règlement qui avaient été adoptés pour celui de 1769.

La proposition fut aussitôt adoptée, et, sans désemparer, l'on désigna des commissaires pour faire, dès le lendemain, des quêtes, dont le produit devait être centralisé à l'hotel de ville, où seraient également déposées les listes des pauvres. Les fonds recueillis devaient ensuite être répartis entre les bureaux particuliers établis dans chaque paroisse, et être distribués aux pauvres par les membres de ces bureaux, sous le contrôle des commissaires.

Le produit des quêtes s'éleva à la somme de 2,312 livres 15 sols. L'état de la répartition (1) qui en fut faite fait connaître que les pauvres étaient alors au nombre de 1270, et que la somme à allouer par tête était seulement de 36 sous 6 deniers. Les Bénédictins avaient envoyé, en outre, 100 cartes d'un fagot à distribuer, qui furent réparties ainsi : 20 furent attribuées à la paroisse Saint-Martin, 50 à celle de la Madeleine, 15 à celle de Saint-Lubin, et 15 à celle de Saint-Bienheuré.

On pense avoir établi par ce qui précède que, si les besoins des pauvres furent trop souvent hors de proportion avec les ressources destinées à les soulager, les Vendômois ne se sont pas moins montrés de tout temps animés d'un louable esprit de charité. Puis, si l'on veut

(1) Paroisses.	Nombre de pauvres.	SOMMES ATTRIBUÉES	
		par bureau.	par tête.
Saint-Martin.	200	360 l.	
La Madeleine.	700	1,277 l. 7 s.	36 sous
Saint Lubin.	178	324 l. 17 s.	6 deniers.
Saint-Bienheuré.	192	350 l. 8 s.	

comparer l'état actuel de la classe indigente, et la quotité de l'assistance qu'elle reçoit aujourd'hui, avec ce qui existait en 1788, on reconnaîtra que, quoiqu'il reste encore bien des besoins à satisfaire, il s'est néanmoins accompli depuis lors un progrès sensible.

En effet, si la proportion qui existait en 1788 entre le nombre des habitants (6,500) et celui des pauvres (1270) était encore la même aujourd'hui, en tenant compte de l'augmentation de la population, que l'on peut évaluer actuellement au nombre rond de 8,500, ce ne serait plus 1270 que l'on trouverait pour le chiffre des pauvres, mais bien 1660, tandis que le nombre d'indigents présentement assistés par le bureau de bienfaisance est d'environ 800. On peut donc dire que le chiffre des assistés par la charité publique a baissé de 5 0/0 depuis moins d'un siècle (1).

D'un autre côte, la quotité des secours alloués, même en tenant compte de la diminution de valeur de l'argent, a été sensiblement élevée. On a vu que tous les efforts faits en 1788, dans un moment où la saison était très rigoureuse, n'avaient pu produire qu'un disponible de 36 sous 6 deniers par tête. C'était à peine de quoi empêcher, pendant sept jours, un pauvre de mourir de faim, d'après l'indication fournie par le mémoire de M. de Sarrazin, qui dit qu'avec 24 sous, on nourrissait un mendiant pendant cinq jours (2). La somme que le

(1) Le premier recensement officiel a été fait par l'administration en l'an II. Il établit que la population effective de la commune, hommes, femmes et enfants, comprenait 6,226 individus. (Registre mun. 21, f° 243, — 11 pluviose an II.)

(2) Un siècle auparavant, en 1693 (nov.), la misère des populations était extrême, et le gouvernement avait ordonné des mesures pour venir à leur secours. Des ateliers de charité avaient été établis à Nevers, et l'on y évaluait à 3 ou 4 sous la nourriture journalière d'un pauvre, qui recevait une livre de pain sec, plus une demie dans une soupe faite avec des graisses ou de l'huile. A Rochefort, la nourriture d'un pauvre n'était évaluée que 2 sous. (Voy. Lettres adressées au président de Harlay, par Bo-

bureau de bienfaisance alloue aujourd'hui par tête d'indigent, en secours de toute nature, est incomparablement bien supérieure (1), et aux secours donnés par l'assistance publique viennent s'ajouter ceux que distribuent les sociétés de charité, comme celle de Saint-Vincent-de-Paul et les comités libres de bienfaisance.

Tous ces efforts réunis sont malheureusement impuissants pour guérir la plaie sans cesse renaissante du paupérisme. Aussi la mission qui incombe à l'administration d'y porter remède est-elle aussi difficile que délicate, car, si les mesures qu'elle prend n'étaient appliquées avec autant de tact que de prudence, elles pourraient devenir un encouragement à la paresse et à l'oisiveté, et développer, au lieu de le restreindre, le mal qu'elle veut et doit combattre.

lacre, vicaire-général de Nevers, le 11 novembre 1693, et par Regin, Rochefort, 24 du même mois. — Correspondance administrative sous Louis xiv, t. i, p. 902 et 907.)

(1) La somme dépensée en 1880 par le bureau, en secours de toute nature, s'est élevée à 15,425 fr., qui, répartie entre 800 têtes indigentes, donne pour chacune une moyenne de 19 fr. 28 c.

Vendôme. Typ. Lemercier.